CIENCIA, TECNOLOGÍA, INGENIERÍA Y MATEMÁTICA ¿TU FUTURO?

Un día de trabajo de un INGENIERO ELECTRÓNICO

OSCAR LUZ

TRADUCIDO POR
ALBERTO JIMÉNEZ

PowerKiDS press
Nueva York

Published in 2016 by The Rosen Publishing Group, Inc.
29 East 21st Street, New York, NY 10010

First Edition

Editor: Caitie McAneney
Book Design: Katelyn Heinle/Reann Nye
Translator: Alberto Jiménez

Photo Credits: Cover Bulent Esdogan/thinkstockphotos.com; cover, pp. 1–24 (circuit vector design) VLADGRIN/Shutterstock.com; p. 5 (top) ronstik/Shutterstock.com; p. 5 (bottom) Hulton Archive/Getty Images; p. 7 (top) Settaphan Rummanee/Shutterstock.com; p. 7 (bottom) Lefteris Papaulakis/Shutterstock.com; p. 8 MilanB/Shutterstock.com; p. 9 hramovnick/Shutterstock.com; p. 11 (top) Hugo Felix/Shutterstock.com; p. 11 (bottom) Teodora D/Shutterstocfk.com; p. 12 leo_photo/Shutterstock.com; p. 13 MilanMarkovic78/Shutterstock.com; p. 15 Goodluz/Shutterstock.com; p. 17 (top) Marcin Krzyzak/Shutterstock.com; p. 17 (bottom) joingate/Shutterstock.com; p. 19 ratmaner/Shutterstock.com; p. 20 michaeljung/Shutterstock.com; p. 22 Echo/Cultura/Getty Images.

Cataloging-in-Publication Data

Luz, Oscar, author.
Un día de trabajo de un ingeniero electrónico / Oscar Luz, translated by Alberto Jiménez.
pages cm. — (Ciencia, tecnología, ingeniería y matemática: ¿Tu futuro?)
Includes index.
ISBN 978-1-5081-4762-6 (pbk.)
ISBN 978-1-5081-4747-3 (6 pack)
ISBN 978-1-5081-4766-4 (library binding)
1. Electrical engineering—Vocational guidance—Juvenile literature. 2. Electrical engineers—Juvenile literature. I. Title.
TK159.L89 2016
621.3—dc23

Manufactured in the United States of America

CPSIA Compliance Information: Batch #BW16PK: For Further Information contact Rosen Publishing, New York, New York at 1-800-237-9932

CONTENIDO

CTIM CON CHISPA

¿Te gusta desmontar sistemas electrónicos para ver cómo funcionan? ¿Se te ha ocurrido una idea genial para un aparato eléctrico, como un teléfono o un televisor? Si es así puede que te interese estudiar ingeniería electrónica.

Los ingenieros electrónicos **diseñan** y construyen todo tipo de aparatos eléctricos, desde sistemas de iluminación a smartphones. Utilizan la electricidad para inventar cosas que nos hacen la vida más fácil y divertida. Hoy muchos ingenieros se concentran en descubrir y utilizar electricidad limpia. Son, por tanto, maestros en CTIM, siglas de Ciencia, **Tecnología**, **Ingeniería** y Matemática.

PERISCOPIO CTIM

Se puede decir que Benjamín Franklin fue uno de los primeros ingenieros electricistas. En un experimento realizado en 1752 ató una llave a una cometa, la elevó durante una tormenta eléctrica y un rayo la electrificó, lo que probó la existencia de la electricidad.

Este ingeniero electrónico está trazando el esquema de un circuito eléctrico.

LA CIENCIA DE LA ELECTRICIDAD

Los ingenieros electrónicos se especializan en utilizar la energía eléctrica para crear objetos nuevos, razón por la cual deben entender cómo funciona la electricidad.

La electricidad es un tipo de energía. Si se acumula en un espacio, se llama electricidad estática; si se desplaza a través de algo, corriente eléctrica. Esta enciende aparatos eléctricos, como lámparas o computadoras; también ocasiona el movimiento de, por ejemplo, las aspas de los ventiladores. A su vez, el movimiento puede transformarse en electricidad si se dispone de un **generador**.

PERISCOPIO CTIM

La electricidad pasa más fácilmente a través de ciertos **materiales**. Los ingenieros electrónicos suelen utilizar hilos de cobre para **conducirla**.

Un circuito es una trayectoria cerrada por la que puede fluir la corriente eléctrica. Una placa de circuito es una placa delgada en la que se encuentra un circuito eléctrico.

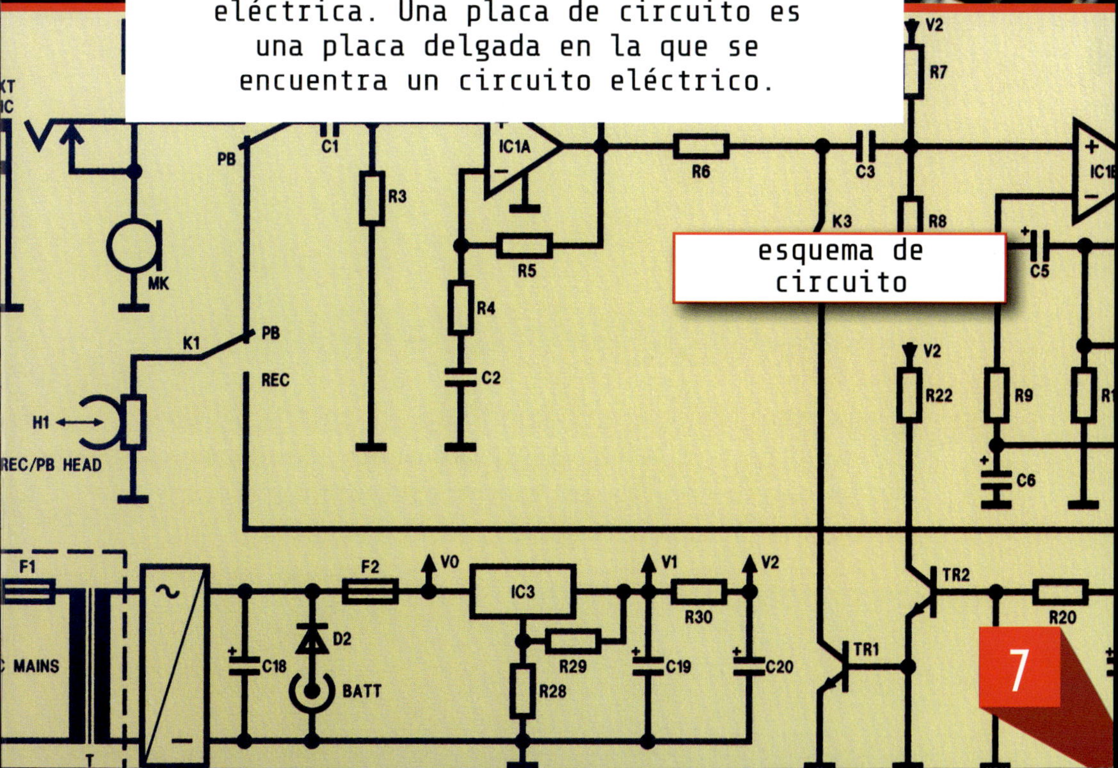

¿Qué tienen que ver los imanes con la electricidad? ¡Pues que cada uno puede dar origen al otro! Si un campo magnético que rodea un objeto metálico –como un cable de cobre– cambia de fuerza o de posición, se crea una corriente eléctrica en el cable; sin embargo, si el campo magnético se mantiene inmutable, no se crea corriente.

Una corriente eléctrica que pasa por un cable crea también un campo magnético en torno a él; este campo puede utilizarse para repeler y atraer imanes creando, por consiguiente, movimiento. Esta conexión entre corriente eléctrica y campo magnético se llama electromagnetismo.

PERISCOPIO CTIM

El campo magnético es la zona donde un imán tiene **influencia** sobre lo que está a su alrededor. Un objeto magnético puede atraer o repeler otros objetos.

Cuando arrancas un motor eléctrico, la electricidad origina un campo magnético en torno a los cables del interior del motor: este campo afecta a los imanes cercanos. Juntos, la electricidad y los imanes pueden hacer que determinadas partes del motor giren, creando movimiento.

EL USO DE LA TECNOLOGÍA

Los ingenieros electrónicos han creado la tecnología más avanzada. A lo largo de la historia de la electricidad han inventado de todo, desde la bombilla al smartphone. A ellos les debemos muchos de nuestros aparatos y utensilios cotidianos. Pero ¿qué herramientas y materiales utilizan?

Entre los más comunes se encuentra el alambre de cobre, que conduce la electricidad; también utilizan alicates para doblar y darle forma al alambre, el pelacables para quitarle el **aislamiento** y las pinzas para sujetarlo.

PERISCOPIO CTIM

Los ingenieros electrónicos utilizan una cinta especial para aislar los cables.

Las pequeñas herramientas que utiliza un ingeniero electrónico sirven para hacer reparaciones en un sistema eléctrico o incluso para reconectar cables.

alicates de punta larga

Entre las herramientas más grandes y complejas se halla el osciloscopio, que muestra en una pantalla la onda generada por una señal eléctrica en un período de tiempo. Esto permite ver directamente el **voltaje** y calcular magnitudes como la **frecuencia**.

Para unir dos partes metálicas, los ingenieros utilizan un soldador eléctrico que, mediante agujas, aplica una pasta especial en el lugar exacto de la soldadura.

multímetro

PERISCOPIO CTIM

El multímetro es muy útil porque sirve para medir diversas magnitudes eléctricas, como el voltaje y la intensidad de corriente.

Este ingeniero mide el voltaje de un aparato con un voltímetro.

EL TRABAJO DE UN INGENIERO ELECTRÓNICO

Los ingenieros electrónicos dedican a veces un día de trabajo a localizar y resolver problemas de aparatos o sistemas, pero también hay muchos que diseñan cosas nuevas o mejoran las antiguas. Al fin y al cabo, ¡crean nueva tecnología!

Lo habitual es que se especialicen, ya sea en sistemas eléctricos para viviendas o lugares de trabajo –desde casas hasta fábricas enteras–, en aparatos para comunicarse e informarse, como celulares o sistemas de radios, en utensilios como batidoras o aspiradoras que simplifican el trabajo doméstico o en innovadores sistemas de alarma.

PERISCOPIO CTIM

Los ingenieros electrónicos utilizan los mejores materiales en sus diseños para lograr un producto de buena calidad pero a la vez económico. También buscan la forma de utilizar menos energía para hacer funcionar los dispositivos.

Los ingenieros electrónicos buscan energías limpias, como la solar. Algunos hasta diseñan los paneles solares que generan electricidad.

Algunos dispositivos son tan pequeños que la técnica para realizarlos se denomina microelectrónica. Los ingenieros diseñan y producen los diminutos componentes de los circuitos electrónicos: pese a su tamaño, son básicos en cualquier dispositivo electrónico, desde las tabletas a las máquinas industriales.

Los ingenieros llamados informáticos facilitan el uso de las computadoras, montan el hardware (las piezas), proyectan enormes supercomputadoras que ayudan a los científicos a hacer experimentos y a recopilar datos o inventan pequeñas tabletas que puedes llevar en tu mochila.

PERISCOPIO CTIM

Es posible que en un futuro cercano los ingenieros electrónicos desarrollen dispositivos que se comuniquen entre sí. Por ejemplo, una "carretera inteligente" podrá enviar un mensaje a tu "auto inteligente" para que aminore la marcha.

Mira las cosas que te rodean en casa. Piensa en todo lo que los ingenieros electrónicos han diseñado y creado para hacer que tu vida sea más fácil.

¡LAS MATEMÁTICAS CUENTAN!

Los ingenieros tienen que ser muy precisos o exactos en su trabajo. Esto es muy importante, especialmente a la hora de hacer el diseño, ya que los técnicos necesitan las medidas exactas para montar lo que el ingeniero diseña.

Los ingenieros electrónicos también utilizan álgebra en su trabajo, ya que las ecuaciones algebraicas describen la relación entre **variables**, como lo son el voltaje o la corriente, y así pueden calcular cuánto de cada una se necesita para que funcione un aparato.

Los ingenieros estudian además geometría, la matemática de las formas, ya que les ayuda a dibujar los aparatos que proyectan.

UN DÍA DE TRABAJO

Toda **industria** necesita ingenieros electrónicos para diseñar y desarrollar dispositivos nuevos. Algunos trabajan en grandes compañías que fabrican televisores o videojuegos, y también dan servicio al cliente en cuanto al funcionamiento o reparación del producto si fuese necesario.

Los ingenieros pasan mucho tiempo diseñando componentes o aparatos y **simulando** su uso en computadoras. Además, hacen pruebas tanto de los materiales como de los productos en laboratorios, los cuales suelen contar con estancias o herramientas de prueba que alcanzan temperaturas muy bajas o muy altas.

Cuando los ingenieros trabajan en equipo es importante que exista una buena comunicación entre ellos.

CAMPOS DE LA INGENIERÍA ELECTRÓNICA

MICROELECTRÓNICA
diseño de las piezas diminutas que componen ciertos dispositivos.

INFORMÁTICA
diseño del hardware de las computadoras.

SISTEMAS DE ALIMENTACIÓN
diseño de nuevas formas de generar energía.

TELECOMUNICACIONES
diseño de sistemas para transmitir información.

SISTEMAS DE CONTROL
diseño de sistemas de climatización de edificios o de inspección del funcionamiento de máquinas fabriles.

DETECCIÓN REMOTA
diseño de nuevos instrumentos sensibles a las variaciones meteorológicas.

PERISCOPIO CTIM

Otra de las tareas de los ingenieros electrónicos es localizar y reparar averías de los aparatos.

TÚ PUEDES CONSTRUIRLO

Para ser ingeniero electrónico necesitas al menos un título universitario, lo que te tomará unos cuatro años. Hay licenciaturas en física, ingeniería electrónica, mecánica electrónica e informática. Para dedicarte a un campo específico, como la microelectrónica, deberás cursar además un máster.

Empieza tu carrera desde ahora prestando atención en las clases de ciencias y matemáticas. En la escuela secundaria apúntate a todas las asignaturas CTIM que haya. Hasta puedes examinar los electrodomésticos de tu casa, siempre con precaución. Como cualquier ingeniero electrónico, si se te ocurre una idea, ¡puedes llevarla a cabo!

GLOSARIO

aislante: Algo que impide la conducción de electricidad.

conducir: Llevar la electricidad de un sitio a otro.

diseñar: Crear un plan o dibujo para realizar algo.

frecuencia: Número de veces que algo (una onda, por ejemplo) se repite en un período determinado.

generador: Máquina que utiliza partes móviles para producir energía eléctrica.

industria: Grupo de empresas que proveen cierto producto o servicio.

influencia: Efecto que una cosa tiene sobre otra.

ingeniería: Uso de la ciencia y las matemáticas para construir mejores objetos.

material: Algo que sirve para hacer otras cosas.

simular: Representar la operación de un proceso por medio de otro sistema, como una computadora.

tecnología: Conjunto de conocimientos y medios técnicos aplicados al desarrollo de una actividad.

variable: Magnitud que cambia si las condiciones se modifican.

voltaje: Fuerza de una corriente eléctrica.

ÍNDICE

SITIOS DE INTERNET

Debido a que los enlaces de Internet cambian a menudo, PowerKids Press ha creado una lista en línea de los sitios Internet que tratan sobre el tema de este libro. Este sitio se actualiza con regularidad. Por favor, usa este enlace para ver la lista: www.powerkidslinks.com/ssc/elec